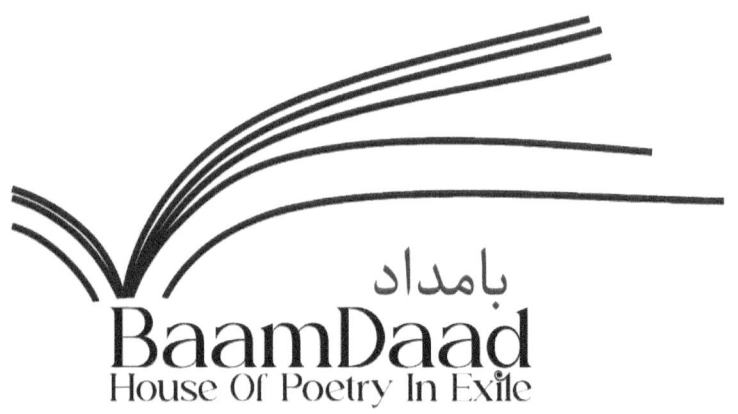

© 2024| Somaia Ramish

Eerste druk, mei 2024, ter gelegenheid van Poetry International

WGBU, Leeuwendaal Rijswijk
verkoop@wgbu.nl

50 exemplaren

Vertaald uit het Engels naar het Nederlands door Hanne Craye en Marjolein Bonte onder **eindredactie van** Fleur Jeras

Bookdesign, print en handmade binding: Willem Giezeman

Ook te koop: LULU.com

ISBN: 9789083428819

GEEN ENKELE GEVANGENIS KAN JE GEDICHT OPSLUITEN

Een poëtisch protest tegen censuur en onderdrukking van kunst in Afghanistan

Somaia Ramish (Red.)

GEEN ENKELE GEVANGENIS KAN JE GEDICHT OPSLUITEN

Een poëtisch protest tegen censuur en onderdrukking van kunst in Afghanistan

Door de geschiedenis heen heeft op belangrijke momenten de poëzie altijd gesproken. Een gedicht heeft het vermogen om zowel intiem als krachtig te zijn. Het weerklinkt in de harten van individuen. Tijdens acties, protesten en revoluties versterkt het de stemmen van de mensen.

Poëzie bezit de enorme kracht om individuen te motiveren hun stilzwijgen te doorbreken als zij geconfronteerd worden met onrecht en onderdrukking. Het is een bron van inspiratie, die collectief verzet aanjaagt.

Als dichter geloof ik diep in de kracht van poëzie. Voor mij belichaamt poëzie overtuiging. Zij heeft een enorme impact op de menselijke geest.

Toen op 15 januari 2021 de Taliban een bevel uitvaardigde, dat de poëzie aan banden legde, stortte mijn wereld in. Dit decreet volgde op het verbieden van allerlei andere soorten kunst. Mijn land Afghanistan is onder het bewind van de Taliban het enige land ter wereld waar alle kunst verboden is!

Hoe is het mogelijk dat iemand denkt de autoriteit te hebben om een bevel uit te vaardigen dat de verheven ziel van de mensheid verstikt?

Hoewel het vuur van creativiteit dat in het hart van een dichter brandt nooit gedoofd kan worden, blijft het decreet inhumaan en verstikkend. Censuur en onderdrukking van de kunsten moet krachtig bestreden worden.

Daarom doe ik een oproep tot actie. Ik nodig dichters uit alle hoeken van de wereld uit om te schrijven tegen censuur en de onderdrukking van poëtische kunst. Ik roep op om niet de ogen te sluiten voor de onderdrukking van het volk en de kunstenaars van Afghanistan door de Taliban. Ik heb mijn oproep op sociale media verspreid en tot mijn verbazing reageren dichters van over de hele wereld met niet aflatende steun. Zij verklaren zich solidair.

Baamdaad, het Huis van Poëzie in Ballingschap, is uit mijn oproep ontstaan. Het is een toevluchtsoord waar dichters van over de hele wereld zich verenigen om het verderfelijke kwaad van censuur en het verstikken van stemmen te bestrijden. Via deze stichting verzetten dichters zich tegen het verbod dat collega-dichters en kunstenaars in Afghanistan is opgelegd.

Van 15 januari 2023 tot 15 maart 2023 schreven ruim honderd dichters van over de hele wereld krachtige gedichten tegen het verbod en de censuur van poëzie. In Afghanistan dragen dichters ook met hun aangrijpende woorden bij aan deze zaak. De omvang van de steun die we ontvingen is werkelijk indrukwekkend.

Het ontroert mij diep. Elke dag voegt een stortvloed van gepassioneerde dichters zich met onverzettelijke vastberadenheid bij de beweging. Gedichten stromen binnen uit Nederland, Chili, Frankrijk, Bangladesh, Amerika, België, Canada, Iran, Japan, Nepal en India. Bij talloze gelegenheden brengen deze verzen tranen in mijn ogen, niet uit zwakte, maar vanwege de kracht die de poëzie ons schenkt.

Ik betuig mijn diepe dankbaarheid en dank aan alle dichters, die een groot enthousiasme aan de dag leggen en een belangrijke bijdrage leveren aan ons protest.

Een versie van de bloemlezing (NO JAIL CAN CONFINE YOUR POEMS) is op 15 augustus 2023 in Japan in het Japans gepubliceerd. De dag waarop twee jaar geleden de Afghaanse regering in handen van de Taliban viel. De tweede editie van deze bloemlezing werd in het Frans in november 2023 gepubliceerd door Oxybia Publications en ondersteund door de French Pen Association! Wat u in uw hand heeft, is de derde versie in het Nederlands, uitgegeven door uitgeverij WGBU.

Ik wil in het bijzonder mijn diepste dank uitspreken aan Fleur Jeras voor haar steun om deze bloemlezing in het Nederlands uit te geven. Zij is tevens redacteur van de vertaling van de gedichten! Ik waardeer oprecht de vertalers van deze gedichten Hanne Craye en Marjolein Bonte die zich vrijwillig hebben aangeboden om de gedichten van het Engels naar het Nederlands te vertalen. Zonder hun niet aflatende steun zou het moeilijk zijn geweest om deze droom uit te laten komen!

Ik wil van deze gelegenheid gebruik maken om iedereen te bedanken die mij sinds het begin van deze beweging hebben bijgestaan en jullie zeggen dat jullie door aan de goede kant van de geschiedenis te gaan staan, een les voor de toekomst hebben gegeven.

Willem Giezeman WGBU, Rotterdam Poetry International Festival, Studio De Bakkerij, Verhalenhuis Belvédère, Women Connected en natuurlijk ook Cecile Oumhani, Carole Carcillo Mesrobian, Franck Merger, Anne Vegter, Nozomu Shibata, Juichi Noguchi, Janny Dierx en Christopher Merrill wil ik hartelijk bedanken voor hun rol bij het versterken van de beweging en het verspreiden van de stem van gerechtigheid en vrijheid over de hele wereld.

Deze bundel belichaamt het protest van een verenigde gemeenschap van dichters die onmenselijke daden aan de kaak stellen door de kracht van hun verzen.

Ik betuig mijn oprechte dank aan iedereen die zich bij de beweging heeft aangesloten. Ik hoop dat dit momentum zich voortzet en dat we getuige zullen zijn van een nog grotere solidariteit. Laten we alle dichters van de wereld verenigen in onze strijd tegen censuur en repressie, ongeacht geografische grenzen.
Zonder uw steun zou dit boek bij deze gedenkwaardige gelegenheid niet tot stand zijn gekomen.
Ik omarm alle dichters die hun gedichten met ons hebben gedeeld van harte. Uw onschatbare solidariteit wordt diep gekoesterd en ik hoop dat we elkaar op een dag in een vrij en democratisch Afghanistan zullen omhelzen en het volkslied van de vrijheid zullen zingen!

Tegen censuur en repressie,

Somaia Ramish

Leiden, 8 juni 2024

Marjolein Bonte (°1995) studeerde Taal- en Letterkunde en Toegepaste Taalkunde in Gent en Sevilla. Haar passie voor literatuur vertaalde zich in een Postgraduaat Literair Vertalen. In Antwerpen, Leuven en Utrecht kreeg ze een jaar lang de kneepjes van het vak aangeleerd. Ze is vertaler in bijberoep en vertaalt uit het Engels en het Spaans.

Hanne Craye (°1995) studeerde Taal- en Letterkunde en Toegepaste Taalkunde in Gent, Antwerpen, Madrid en Santiago de Chile. Ze vertaalt en ondertitelt uit het Spaans en het Engels. Haar literaire vertalingen uit het Spaans verschenen eerder in het vaktijdschrift Pluk en in Kluger Hans. Haar eigen verhalen werden gepubliceerd in Kluger Hans, Hard//Hoofd en Notulen van het Onzichtbare.

Over het verbieden van poëzie

De dichters verbannen uit Plato's Staat,
Omdat hun werk niet ethisch was,
Noch pragmatisch of filosofisch, komen samen
Aan een banket in het hiernamaals
Om te roddelen, rivalen te vervloeken en gedichten
voor te dragen geschreven op hun eindeloze vlucht
Van de autoriteiten in Athene en
Jeruzalem, Moskou, Teheran en Kaboel.
De bewaarders van de rechtvaardige stadstaat
Stellen een versregel gelijk
Aan opstand, wat strikt genomen
Waar is: poëzie kan regeringen doen vallen

CHRISTOPHER MERRILL   USA

Bommen!

Bommen!
Ze doden
Ook kinderen.
Ze bombarderen scholen, ziekenhuizen.
Stop! Schreeuwen we.
Vernietigen musea...
Verbranden boeken...
Verkrachting in bibliotheken.
Hybride oorlog. Agressie.
De realiteit is hard.
Stop! Schreeuwen we.Tevergeefs.
Hoe kunnen we terugvechten en winnen?
Soft power is niet genoeg
Laat de ethische kracht beginnen:
Wensen zonder steun is uit,
Hybride verzet is in.

TARIK GÜNERSEL   TURKIJE

Lichtwoorden

Hoor me, mijn vriend.
Hoor mijn lied over de zeeën.
Het is de simpele ballade van zielen
Die de fakkel dragen.
Sinds de eerste dageraad
Fluisteren wij woorden in de wind
Woorden van schoonheid en verbinding.
We tekenen ze in het zand op het strand
Kerven ze in boomschors
Schilderen ze op stenen
Zodat schattenjagers ze kunnen lezen.
We zingen ze elke dag voor zij die hun pen kwijt zijn
Voor zij die gemuilkorfd werden
Voor zij die in stilte schreeuwen
In de chaos van waanzin.
Vandaag zing ik ze voor jou.
Luister naar me, vriend.
Ik zing ze omdat poëzie van iedereen is
En geen regels volgt.
Ik zing ze om je eraan te herinneren dat
Het zand en de schors en de steen
Er altijd zullen zijn om op te schrijven
Voor zij die het licht dragen.
Hoor mijn lied.
Hoor me, mijn vriend.
Luister naar stemmen tussen stormen en bommen.
Je bent niet alleen.
Poëzie zal niet zwijgen.

MARTINE L. JACQUOT　　　　　　　　　　**CANADA**

Waarom

Ze vroegen:
Waarom waarom al deze woorden
Tegen wie heb je het
Welke vijanden welke bezetters
Wachten in de zijvleugels om onze grootsheid
onze macht onze toekomst te vernietigen

Waarom waarom deze roep
Om verandering om rechten om rechtvaardigheid
Je hebt die hier allemaal al
Wat wil je nog meer
Het recht op leven, wat anders

Waarom waarom al deze stemmen
Wat heb je te zeggen
Dat het horen waard is
Niet zo veel geef maar toe
Tot je verzwakt vlees ontploft

Waarom waarom deze regels
Wanneer dichters modder in de loopgraven zijn
Onze strijders hen tot moes trappen
Hun opengesperde monden het bloed doorslikken
Van zij die voor hen sterven

Waarom waarom jullie protesten
Wanneer we morgen jullie tong afsnijden
En jullie handen en jullie nek
En alles wat van jullie overblijft
Een stil lied zal zijn.

ANANDA DEVI   MAURITIUS

Uitgewist

Groene komeet te zien in nachthemel, eerste keer sinds
                              Stenen Tijdperk
Fel stralend
Terwijl in Afghanistan, Kaboel en Khandahar
Meisjes' vrijheid wordt vernietigd, ze kunnen niet studeren
Worden verpletterd en belet boeken te verslinden op school
Ook al zijn de sterren aan de Afghaanse hemel nog dezelfde,
Onder die open hemel worden deuren dichtgegooid
Geen plek voor deze meisjes om zich uit te drukken en
                              gedichten te lezen.

Terwijl ik me zorgen maak om mijn problemen
Gescheiden, daten de vijftig voorbij
Kon ik wel naar school zonder bommen te vrezen
Kon ik naar de universiteit, werd doctor
Ontgon nieuw terrein, herinnerde me Halley's Komeet,
             die op bezoek kwam tijdens mijn studies

De groene komeet, ongezien sinds het Stenen Tijdperk
Kunnen meisjes in Kaboel erover lezen
Geeft hij hoop hoe moeilijk vandaag ook is
Op een dag van vrijheid zwevend door de hemel
Terwijl de wereld zich op andere problemen richt
Oekraïne, inflatie
Wie hoort hun gedempte geschreeuw
Hoe zit het met leven, vrijheid en gelukkig willen zijn
Of is dat enkel een American Dream

ROOPA R   INDIA

Doelwitten van de ALP

Elke zonsopgang in dit geketende land
Wordt nog een schakel toegevoegd,
Nog een vrijheid afgenomen,
Nog een maatregel van slavernij
Sleurt een lichaam mee.

Elke dageraad, terwijl landen
Ontwaken voor kunst en ideeën,
opent dit land haar ogen
voor geketende onderdrukking.

Terwijl landen luisteren naar lyrische
gedichten geworteld in weelderige literatuur
en oneindige rechtvaardigheid,
maakt dit land haar bevolking doof
en ontwortelt poëzie
en proza.

Terwijl landen vreugdevol met stralende toekomst
ongeketende melodieën beluisteren,
marcheert dit land achterwaarts
naar censuur, legt het stilte op
aan gevangen, geluidloze tongen.

Als creatieve stemmen verbannen worden,
als hoop geen betekenis meer heeft,
als primitiviteit het nieuwe geloof wordt,
dan moeten dichters zich verenigen,
rebelleren, het juk van onderwerping breken.

Het is tijd om de wereld te tonen dat in plaats van
zich te focussen op echte staatsvijanden,
de Afghaanse Lokale Politie, in opdracht van de
Taliban, gewapend met geweren en tanks, zo bang
van schrijvers is, dat ze intellectuelen in het vizier neemt
die zich alleen wapenen met woorden en concepten.

Evie Groch   USA

Als het recht tot dichten verloren is

Onuitgesproken gedachten worden,
als het recht tot dichten is verloren,
abstract rijm, sober rijm
Vreugde, liefde, verdriet of pijn
Beelden van alledag
of geschreeuw om aandacht
meningen, instincten, diep gevoeld, uitgesproken
opgekropte gevoelens blijven spoken
opgebouwde druk ontploft meteen
constante winden eroderen steen
en wegen die velen met enkelingen verbinden
maar niet bereisd worden, ontbinden
dat ramen uitgeven op het liefste leven
en ons zeggen niet van angst te beven
Voor iedereen paden, bruggen, gedichten
om een groter, vrolijk moederland op te richten

Niet langer uitgesproken leven en aanbidden
Wanneer gedichten verboden worden op lippen
Als op papier bevlekt met inkt
Als in een droomslaap waarin je verzinkt;
Gedichten zijn die taal der zinnen
ongeremd vanbinnen
Gedichten zijn wilde cognitie
van remedie, onderzoek en observatie
Literatuur werd eerst geboren
maar poëzie sprintte naar voren
en heeft ons grootgebracht
En nu worden we geacht

een ouder te verloochenen?
In kwaliteit en gebrek, rechtschapen of begoocheld?

En sommigen beweren dat we beter af zouden zijn
als het vers uit ons leven verdwijnt;

Wie zijn wij om dat te bepalen,
te verstoppen voor de zonnestralen,
wat ons nog nooit in de steek heeft gelaten?

THIBAULT JACQUOT-PARATTE   KAMEROEN

Vrijheid

Hoe eerlijk is het om te bevelen
dat bloemen niet mogen bloeien?
Of planten niet groeien? De wind niet
waaien of de regen niet vallen? Vogels niet fluiten
en vissen niet zwemmen? Dat mensen geen
eigen ideeën mogen hebben, geen vrijheid
om te spreken, lachen en grappen? Dor te worden
als het landschap en de wrede zon
die hopeloos schroeit. Maar een
land met verdraaide macht van waanzin
maakt emancipatie nog zoeter.
Pessimistisch wachten op een dag dat
Ze allemaal gelijk en vrij zijn?

PROFESSOR KAMANI JAYASEKERA SRI LANKA

Ik zie zes Amerikaanse matkopjes

Ik zie zes Amerikaanse matkopjes,
net gevederd. Ze duiken en draaien,
dronken door hun vleugelpennen.
Hun nest is een gat in de muur van mijn slaapkamer,
tot een perfecte O geboord door een gouden grondspecht.

Ik stel me de ouders van de matkopjes voor, gelukkig:
    ze vonden een broedplek toen dat nodig was
    ze vulden het met mos en dons, enkele eieren
    ze voedden de kuikens, veilig voor de kat,
    ze zagen hen vrij vliegen.

Ik stel me voor dat je kijkt na weer een slapeloze nacht.
Je staat op je balkon, vraagt je af waar
de gedichten heen zijn gevlogen. De ochtendhemel barst uit
in brute wonden, oranje en magenta.

Rijen vliegende vogels bewegen,
schrijven de zonsopgang in verboden schrift.
Je scant hun verzen voor ze verdwijnen.
Als het zoeklicht opstijgt, bloeden wolken grijs,
laten de hemel achter, zonder vogels, zonder zon.

SUSAN ALEXANDER   CANADA

Toen de geweren zwegen

Toen de geweren zwegen
en de straten werden verlaten door
soldatenlaarzen die kwamen met
de hoop ons te herenigen met de beschaving,
vreesde ik dat de duistere dagen terugkeerden
in ons land

Als een bijenzwerm overspoelden ze
de steden vanuit hun enclaves in de
grotten en heuvels; mannen gekleed in hun
vodden, enkel gemaakt om te leven
in het wild, onder de rotsen en de berg;
Nu zijn ze naar de steden gekomen om ons terug te
katapulteren naar het tijdperk van de holbewoners en donkere
beschaving

En zo kwamen ze met de wind van het onheil
Verspreidden zich over heel ons ontluikende land
Sloten onze vrouwen af van de openheid van de wereld
Snoerden ons de mond over wat we zagen
Maar we zijn vastberaden; we zullen blijven vertellen
wat we zien en zeggen dat kwaad niet juist kan zijn, gehuld
in godsdienstigheid of etniciteit.
Want godsdienst kan niet verhinderen dat onze verbeelding
zich uitdrukt over wat we zien
en wat we niet juist vinden

Met alle openingen in onszelf
zullen we uitdrukken wat we zien en
wat we voelen, als we zouden afdrijven
van de normen van het menselijk bestaan,
We zijn al ver afgedreven van de koers.

We spreken met onze ogen; met onze adem
Knevel je onze mond, dan tonen onze handen
wat we voelen en zal de wereld in poëzie echoën
welk kwaad je ons hebt aangedaan

DAVID BOKOLO   NIGERIA

Hoe kunnen ze een gedicht verbieden
en dichters onderdrukken

Hoe kunnen ze een gedicht verbieden en dichters onderdrukken
terwijl een gedicht schrijven zo natuurlijk is als
                      ademen voor ons, dichters?
Als ze een gedicht en dichters doden, roep ik
                      mezelf uit tot dichteraar,
een gloednieuwe naam voor een dichter om zich te verzetten
                      tegen crisissen der democratie,
ter nagedachtenis van het slechte Engels van mijn student
                      die mijn gedicht heel mooi vond.
Dichteraars zijn zoete zangers die pijn en angst
                      verzachten met gedichten.
Dichteraars zijn dromende dansers die de duisternis
                      verwarmen en oplichten.
Dichteraars zijn machtige bouwers die droge landen
                      en geesten irrigeren.
Dichteraars zijn meeslepende redenaars die het woord van
                      profeten en wijzen verspreiden.
Ze zullen dus nooit een gedicht verbieden; ze mogen
                      geen dichters onderdrukken.
Een gedicht en dichters zijn overal een onmisbaar
                      onderdeel van de wereld.

Miwa Ota   Japan

Ze draagt de ander op haar schouders

Ze draagt de ander op haar schouders
Zonder om hulp te vragen
In het duister van de kloof
Het treinspoor werkt niet meer
voor zij die hun been braken
Nu het weer koud is
Terwijl ze snel
Wegvluchtten voor gekletter
Van een hamer in de vorm van bergen
Geperst graan tussen molenstenen
Die niemand voeden,
En een vrouw liep voorop
Terwijl de ander viel
Er werd niet gesproken
Ze nam haar op haar schouders
Wankelde niet
Ver weg de kust
Ver het ziekenhuis
Vergeten verdriet voor zij die vallen,
Is er geen schuilplaats
Geen gevoel voor humor
Geen vrijheid voor illusie
Ze draagt de ander op haar schouders
Nadat ze stopte met de dagelijkse taken
Is de nacht gespannen
Het gekletter keert terug
Nu het weer koud is.

DAVIDE MINOTTI   ITALIË

Ze riepen luider dan haar vragen

Ze riepen luider dan haar vragen
Zij herhaalde ze

Ze reden met tanks door haar straat
Zij sms'te de wereld

Ze domineerden haar televisie
Zij maakte een belofte aan haar natie

Ze sloten haar school
Zij studeerde thuis

Ze namen haar zonen mee in de nacht
Zij huilde en bad en vloekte

Ze sloten haar kantoor en haar kliniek
Zij postte de foto's

Ze sloegen haar op protesten
Zij incasseerde de klappen

Ze arresteerden haar, geselden haar, verkrachtten haar
Zij overleefde

Ze wisten haar uit de publieke ruimte
Zij maakte een belofte aan haar natie

Ze arresteerden haar dochters
Zij sms'te de wereld

Ze negeerden haar roep om gerechtigheid
Zij herhaalde die

Ze zetten een geweer tegen haar slaap
Zij

ANNE HOPKINSON   CANADA

De rivier aan de bocht

Ik ben in dit gedicht gestapt
een rivier die zich niet laat indammen
in het meer van het slapende geweten
Ik ben er hierzo ingestapt
aan deze bocht waar hij overgaat in
de rivier van valse woorden en verwarrende werkwoorden
Deze rivier van hyperbewustzijn
schuimt in parafernalia terwijl hij brult
en toekomsten kolkend doet verdwijnen aan de bron
Dit is niet de rivier waar je eenmaal in stapt
Dit is niet de rivier waar je tweemaal in stapt
Jij beslist. Want, beste kameraden,
Er zijn geen twee rivieren om uit te drinken.
Dit is de enige. Voor ons. Voor hen.
En de koers van deze rivier heeft veel dwalers
naar deze bocht geleid.
Ik ben in dit gedicht gestapt
een rivier die zich niet laat indammen
in het meer van het slapende geweten
En ik twijfel of ik niet diep duik
om zijn verraderlijke wateren te zeven.

SHELLY BHOIL   BRAZILIË

Eeuwige empowerment

Als je de ziel aan banden legt
raakt die de weg naar bevrijding kwijt.

Een roep om vrijheid is een kabaal om menselijkheid.
Verzuim de kracht van rechtvaardigheid niet!
Het zal niet sneller gebeuren,
maar wel onverwachts exploderen.

Dat is het geloof van de vrijheid.

Vergeet nooit dat een blinddoek omdoen
de grootste fout is die je kan maken,

want het duister toont nooit de realiteit
die kan voeren naar eeuwige empowerment.

ALSHAAD KARA   MAURITIUS

Het heldere meer

In de cafetaria van het sanatorium,
terwijl iedereen schildert in hun kleurboeken,
komt een oude man binnen.
Hij zit voor de tv
en drinkt altijd een blikje gemberbier
dat hij kocht aan de automaat bij de receptie.
Maar op een dag, plots,
begon hij te tekenen,
een landschap van een berg en een meer.

Het leek iets wat een schooljongetje zou kunnen tekenen,
maar de kleuren waren zo, zo helder.
In puur water
werd de berg weerspiegeld,
En er was iets belangrijks, zo belangrijks.
En er waren tal van elementen die mensen fascineerden.
Terwijl iedereen het bewonderde,
maakte een begeleider een kader voor het schilderij,
uit een stuk zwart karton.
Er werd beslist het meesterwerk op te hangen,
in de hoek van de eetkamer.

Soms staart iemand naar het schilderij,
Er zeilen jachten met rode en gele vlag op het meer,
Niemand vleit de man al te erg.
Hij is nog steeds goedgeluimd,
zit voor de tv,
drinkt gemberbier uit een gouden blik.

Het schilderij is zo fantastisch,
maar als hij thuiskomt,
loopt hij nog altijd wat krom,
Misschien is hij nog dronken,
De begeleider mompelde een paar woorden,
'Het hart van meneer K. is even helder als dat meer, niet?'
Ik was het er helemaal mee eens.
Ik vond dat meer dan genoeg.

Toevoeging van de dichter:
Ik geloof dat menselijke waardigheid is, erkend te worden als de mens die je bent, en niet gemanipuleerd te worden tot je iets doet tegen je zin.

MIKU HAYAMA   **JAPAN**

Droom van het Vrijheidslied

In mijn dromen
Lig ik op versgemaaid gras
Zon op mijn gezicht
Liedjes en briesjes overal om me heen.
Ik weet dat ik rondzwierde in een paarse tule tutu
en een pirouette maakte van de daken
Vreugde vloeide naar beneden van de bergtoppen
En oprechte woordenschrijver
Tedere toeschouwer
Allemaal in één.
Duizelige zelfexpressie en
zware, beheerste gerechtigheid.
Zo veel dingen in één wezen-
Een universum van verwondering verlangt zich te tonen.

Als ik mijn ogen toeknijp, precies zo,
Kan ik de glinsterende regenboog van rechtvaardigheid zien
Ver en breed uitgestrekt
De mensheid aanrakend met een kus.
Maar een kramp wekt me in een grimmige wereld
Hier gevangen in je kerker van onderdrukking
Vergulde tralies komen dichterbij
Een kluwen van hatelijke tentakels reikt omhoog.
Een ijzeren vuist vermorzelt mijn baarmoeder
Een andere worstelt met mijn verstand,
probeert altijd mijn geest te bedwingen
in deze cel niet groter dan gespreide vleugels.
Afgeknipte vleugels, geen zon, geen regenboog
En niet toegestaan te zingen.

JENNIFER EVANS   USA

Gebroken woord

"Plots kwam het, er was niemand anders."
Stille miljoenen, gegrepen voorbij Minerva's zaal.
Midden in nieuwsgierigheid en moeilijk zelfvertrouwen.
Onderweg naar verschillende gedachtes;
naar grote zonnen, trekt het vaderlijke stralen in twijfel.
Daar stond het huis van de inhoudelijke drie.
Ervoor, bewogen in cilindrische verzen,
in ronde schroeven en lijnen, taaltotems.
Dan het eerste front onrustige pagina's
door raadsels en spiraalvormige veren als leermachines.
Naar ornamentele zomers met gearchiveerde
plannen duidelijk in de omwalling.
Dichtbij blijven zijn ritmische subjecten bewaard,
dicht bij de voortplantende innerlijke randen van
academici, muzes, denkers en doeners
voorbij een vechtende vlam.
De formaten beklimmen zijn lettergrepen,
beslissers over de klemtoon van de catalogus
bouwen de uitzonderlijke kern van de architectuur.
Zoals zijn bewuste 3D-plattegronden te midden
van de grijze korreligheid van alles.
De lengte van zijn opgestelde pad evolueert,
en op de stippellijn onder de
schaduw van zijn mirte, bordjes:
Bibliothecarissen, Dichters, Schrijvers, de stille eed:
"We zullen niet van het woord gescheiden worden."

BONGANÍ ZUNGU   ZUID AFRIKA

Oud verhaal

Inkt-ijspegel, het gedicht laat rouw toe.
Beslagen glas, het gedicht laat je naar de zon kijken.
Een wimperkus, het gedicht plukt aan je mouw
tot veel schijnbare dingen één worden.

Intussen port de Ontleder met een metalen instrument.
Hij probeert het gedicht te verwijderen uit je oog.
Hij vindt het daar niet, schraapt in de diepe bloedpoel
in de borst. Hij vindt het daar niet, snijdt een schreeuw in de wind

in tweeën, scheurt een lied stuk dat speelt uit een dorre snaar
hij denkt dat het gedicht zal uitlopen, als ingewanden, of als regen
uit een cumulus. Dat gebeurt niet. Starend nu
naar zijn handen, ziet de Ontleder dat ze vuil blijven.

Hij ziet dat hij behoedzamer had kunnen zijn.
Hij voelt het gedicht achter zich, wild. Het likt zijn nek.

RICHARD KENNEY   USA

Weet je niet dat ik mijn haar niet terug kan stoppen

Weet je niet dat ik mijn haar niet terug kan stoppen
Nu het lucht geproefd en zon gevoeld heeft
Het eerste teken van mijn ontluiking –
Een lok komt tevoorschijn, dan...
Als verzet koos ik ervoor mijn haren te laten wapperen
Ze te vlechten met mijn zussen, vrijheid pronkend

Je kan mijn gedachten niet beheersen, mijn opleiding
Mijn lokken, mijn rokken, mijn geluk

Ik wil onder je huid kruipen, in je haar
Je kan mijn kracht niet bedekken of knippen.

Dianne L. Knox   USA

Gedicht voor de Scheppers

Wat ik van je afweet is vooral
sneeuwpanters en lapis lazuli,
bekraalde franjes en ronde bloemen
geborduurd op lapjes scharlaken stof
die ik kocht omdat ik nergens anders mee
kon helpen. Toch, weet ik dit:
hoewel je woorden niet langer
mogen spelen op het papier
leven ze, en ze behoren niemand toe
behalve jou. Bewaar ze in je hart,
zoals je moeder vroeger deed,
en je moeders moeder, en alle
moeders doorheen alle tijden, die gedichten
schiepen voor het schrift
ontstond of hen werd ontzegd.
Vertel ze aan je dochters; rol
de klanken rond in je mond tot
hun gedonder een slapende natie wekken.
Niemand kan een gedicht doden, behalve
degene op wiens lippen het onuitgesproken sterft.

KATHERINE E. YOUNG   USA

ZWART

Ik ben niet in het ZWART geboren.
Mijn vrienden zijn in het ZWART geboren.
Ze leerden me hoe te spelen, hoe te praten en hoe te glimlachen.
ZWART gaf me literatuur.

Ik leef niet in het ZWART.
M'n buurt leeft in het ZWART.
Er bestaat een grijze muur tussen mijn kleur en hun kleur.
Ze is laag genoeg om overheen te gaan.

Ik ben niet ZWART.
Ik ben niet LEEG.
Ik ken de kleur van mijn literatuur.

Zelfs al was ik niet ZWART,
ZWART redt m'n literatuur.

NYANC												JAPAN

Ik kan niet zijn

Ik kan niet zijn
wat ik wil zijn.
Sociale grenzen sluiten me in
neerkijkend
op mijn buitensporigheden.

Flauwekul, zeggen ze me,
waarmee alleen dwazen en gekken
zich inlaten.
Flauwekul.
Dat is niets voor iemand als ik.
En omdat ik geen
dwaas of
gek kan zijn
verstop ik me in mezelf en
lach ik met
de maatschappij haar flauwekul.

SHIRANI RAJAPAKSE   SRI LANKA

KNOP & KOGEL

Rozenknop en geweerkogel. Ik vind een overeenkomst in de vorm van deze twee objecten. En dus klopt mijn dwaze hart keer op keer, denkend aan een knop als een kogel.

W voor waanzin
A voor afschuwelijk
R voor ruïnering

Waanzin = Afschuwelijk = Ruïnering

Om deze eenvoudige formule te begrijpen, gingen ons duizenden jaren voor. Toch, in de aders van de beschaving, doen alsof je deze eenvoudige formule niet begrijpt, stroomt het geschil van de hegemonie lineair verder. Rozenblaadje op het oog van de geliefde, rozendoorn op het oog van de hyena, rozenplooi op de sari van de geliefde, een rozensteel op de lip van de lasteraar---Laat dit liefdesproza te gronde gaan,voor nu. De tijd heeft slechts één formule:

Als je wilt overblijven, leer vechten

Als je wilt overleven, leer vechten

Door je vinger op de trekker te drukken tot het laatste moment van je bestaan op de grond valt, als je een met groene steel en kastanjebruine gloed verlichte bloedknop in plaats van een kogel tevoorschijn wilt toveren, leer dan vanaf nu vechten om onmenselijke conflicten en oorlog te overleven.

KAYES SYED   BANGLADESH

Schrijf met de wind

Schrijf met de wind die waait over de vlakte
het zal je gedicht ver dragen
en niets zal het tot zwijgen brengen
schrijf met de watervallen in de bergen
ze zullen onophoudelijk jouw gedicht voordragen
en niemand kan ze stilhouden
zelfs de bomen zullen het in koor fluisteren
schrijf met de sterren in het holst van de nacht
niets kan de inkt van de Melkweg uitwissen
en reizigers zullen het lezen op elke heuvel en elke golf
ondanks bloed en tranen

Geen gevangenis kan jouw gedicht begrenzen
het blauw van de hemel is grenzeloos
het is zo uitgestrekt als de herinnering van een kind
kijk naar de gezichten van de slapende dichters
en je zal de woorden zien zwerven onder hun oogleden
geen overheid kan ze ooit stoppen
en ze bonzen in elke ader
met ultieme vrijheid
elk van hen leidt naar de open oceaan
waar mensen een andere wereld dromen
morgen zal komen
ondanks bloed en tranen

Stop niet   schrijf
ondanks bloed en tranen
schrijf op het glas beslagen door de winter
schrijf op de stenen gebarsten door vorst
op de muren en in de palmen van je gewonde handen
morgen zal komen
een andere wereld is mogelijk

CÉCILE OUMHANI

TUNESIË
FRANKRIJK

Vandaag verkondigde de wereldregering

Vandaag verkondigde de wereldregering definitief aan het volk
dat ze een wet goedkeurde om alle regenbogen
                                        van de aarde te elimineren.
Dat is omdat een regenboog een voorbode is,
(sommigen verwachten geluk, anderen krijgen een slecht voorgevoel)
                                  omdat die verschillende kleuren heeft,
(sommigen tellen drie, anderen onderscheiden tot zeven kleuren)
en omdat het onvervulde dromen tekent met kleurrijke symbolen
ook al is het niet meer dan een natuurlijk fenomeen.

Om regenbogen uit te roeien moet, vooreerst,
zonneschijn na regen geband worden,
regen moet ook verboden worden te stoppen of te vallen.
Idealiter, alles wat helder en nat is eveneens.

Maar in de droge duisternis verwijden menselijke
                                          pupillen zich van nature
op zoek naar zelfs het zwakste licht,
en dat kan niet zonder een regenboog te vinden
                                          voorbij hun natte wimpers.
Aangezien er irissen zijn, gekleurde ringen uitgestrekt in hoornvliezen,
(sommige zijn bruin, sommige zijn blauw, grijs,
                                          groen, of een andere kleur,)
zal de regering het commando geven om ze uit oogballen te
                                          verwijderen volgens haar wet.

Dan, zelfs als ze gescheiden zijn van leven,
zullen onze regenbogen nooit opgeven de dageraad
                                          van morgen aan te kondigen.

NIJO CENKA   JAPAN

als een gedicht verboden is

als een gedicht verboden is
laten we dansen
als dans verboden is
laten we lachen
als gelach verboden is
laten we huilen
als tranen verboden zijn
laten we stil zijn
en laten we op de grond staan
laat mij een stil vers worden
laat ons miljoenen verzen worden
laten we denken aan de walvis die stilte eet

ONAIITA   JAPAN

Sportmannen Schieten

Passagiers in minibusjes betaalden 's ochtends
                    voor hun dood met tien lire.
   Het bagagerek bedolf de slapers,
Vensters verscheurden gordijnen en hakten nekken af als guillotines.
Een sprakeloze bloedvijver op het asfalt
Waar een schreeuwerig kabaal rondzweeft.
Toen kwamen ze, annuleerden hun afspraken,
Peuterden tussen hun tanden om de overblijfselen
                    van onze harten voor de wolven te gooien
En riepen: 'Niemand is beschuldigd. Iedereen is veroordeeld'.
Ze sloten de apotheken en bruggen.
Ze versperden de ingangen van steden en de openingen naar pleinen,
En regen een verkeerd adres aan het eind van een lans:
Ofwel de afgrond of de muur.
Ze lieten ons slapeloosheid en een namenlijst na,
Stof dat hongerigen van hun schoenen likten,
Pantser van vuilnisbakken,
Tijgers getekend op lijkwaden in de nacht van wijngaarden,
Kannen troebel water, een schoen op de weg,
Koud en kaarsen, tonnen spijkers, spuug van kooplieden,
Kogels in de koelkastdeur, het scherm en de buik van de stortbak,
Een barak in een museum, de kneuzingen van schilders,
De mantel van de monnik, een afgescheurde nagel,
                    gebulldozerde cactusboerderijen,
Een kogel in het oog, het hart en de warmte van testikels;
En ze namen de amateurspelers mee, de arts, de voorbijganger,
Muzikanten, broodzoekers, loterijverkopers en doelmannen.
Ze vernielden de hemel en kleurden de pantserwagens met zijn bloed
Om de piano tevoorschijn te brengen, de doodskist van muziek.

Ze vermoordden de dorpsgek, de beeldhouwer,
                         de melkboer en de peterselieverkoper.
Ze vermoordden het raam en de zus die eruit keek,
De koe van de buren overleefde het niet
Noch de straatlantaarn.
Ze spuwden in de bron en rukten de lens eraf –
Het betraande, optimistische oog des leven,
Het oog van de hoop.
Met messen verscheurden ze de gebruikte bank,
De koffer en het samengebonden deken.
Ze kruisigden de timmerman, wurgden de distelvink en
                                   slachtten de zanger.
Ze verbrandden de bakkerijen, de gerstekorrels, de boeken en fietsen.
Daarna gingen ze op het gras van de speeltuin liggen en dommelden in.
Dit zijn geen beelden.
Dit zijn de bewakers van afbeeldingen.

GOLAN HAJI

SYRIË
KOERDISTAN

in de woestijnhitte

in de woestijnhitte
zijn er wezens
wier innerlijke ademhaling verstarde
hun wereld gevuld
met stenen & wapens

maar ze leven voort
een wrede hardheid
krachtig in hun puurheid
hun energie gekarteld
hard

want ze vrezen adem
& zij die ademen
wier zachtheid
hen overweldigt
wier kennis
hen bedreigt

dus zwoegen ze om de adem
in anderen te smoren
streven om de hardheid
te reproduceren, anderen even
steen & koud
te maken als zij

DANIEL G SCOTT   CANADA

Een project, een hoop

bij jullie, mijn Afghaanse zussen

Schrijven in het donker, alleen
talrijk.
Net niet stil.
Stel – ik schrijf
DE ABSOLUTE NOODZAAK
Slechts stappen van jouw mond.
Zelfs veraf, ken ik
de verkeerde en juiste kant van leegte
en haar knevel
alles wat standhoudt
Sterk vervlochten met het verlangen
van mijn hand
overgebleven – ons wapen
rustend op de overlevingstafel
onder een rebelse hemel.
Een plan. Hoop
brandt.

DENISE DESAUTELS　　　　　　　　　　FRANKRIJK

De dood van de democratie

Inderdaad, Japanse mensen zijn volkomen tevreden,
Met de huidige situatie!

Dood van alle filosofie,
Gebrek aan enige kritiek.

Opgeslokt door het vreselijke neoliberalisme,
De acht miljoen goden zijn niet meer.

Tengu en Kappa zijn besmet met Covid-19,
Geisha en Samurai moeten een PCR-test doen.

Opa, oma, en de hele familie;
Moeten verplicht in quarantaine,
Op bevel van de overheid!

Blootgesteld aan straling,
Gestorven als vuilnis aan acute leukemie!

Vertrapping op Hokkaido en Okinawa,
Beledig Fukushima, Hiroshima en Saga.

Zwakte, gij heet conservatisme;
Natuurlijk, de teloorgang van de gezondheidszorg.

Vernietiging,
Seppuku,
Banzai Aanval
Massale Zelfmoord,

Ineenstorting,
Spot, Spot,
Heil Hitler,
Heil Hirohito,
Veel gelach, lol, lol;
Door het festival van doden.
Het volk doden,
Olympisch;
#Tokyo 2020.

Enthousiast over gouden medailles,
Dakloze mensen negeren en verjagen.

Terwijl Rusland Oekraïne binnenvalt,
Verloochenen Japanners, om de een of andere reden, de inheemse bevolking.

Ze vergaten de beweging al,
Ook de goedheid werd vergeten!

Ze discrimineren de Ainu,
Ze discrimineren de Koreanen,
Ze discrimineren de Chinezen.

Terwijl de Taliban Kabul bezetten,
Koopt het Japanse leger veel wapens van de VS.

Het keizersysteem accepteren, Bansei-Ikkei;
Vreemdelingen de vluchtelingenstatus weigeren.

Schaamteloos oorlogsverslagen consumeren;
Alsof ze kijken naar animes op Netflix.

Onverschillig voor de ellende van de buren,
Hoe zouden ze dan de pijn van Afghanen kunnen voelen?

AKIRA OKAWADA   JAPAN

Ik word bijna gemist

Ik word bijna gemist

Ik word bijna gemist
door jouw oren
jouw ogen

Jouw zwaard
slacht
mijn woorden

Mijn woorden
worden oorden
worden rden
worden den
worden en
alleen om volledig te
verdwijnen

Bijna gemist
Door jou

SIGNE KIERKEGAARD CAIN   DENEMARKEN

Women who look for bones in the Atacama Desert

(After 2010 documentary 'Nostalgia for the light')

Vrouwen die botten zoeken in de Atacama woestijn
In de Atacamawoestijn worden vrouwen die
               menselijke botten zoeken allemaal experten.

Ze missen de kleinste botfragmentjes niet,
want dit zijn de botten van hun vaders, grootvaders,
echtgenoten, zonen, broers, vrienden en zussen,

allen gevangen, gemarteld, gedood en gegooid uit een doods-helikopter
in de Stille Oceaan, of de Andes of de Atacama.
Voor de dictator die dit beval, was kritiek een misdaad.

In het Paranal-observatorium in de Atacamawoestijn,
zoeken astronomen nieuwe sterren
en de mogelijkheden van leven voorbij de hemel.

De heel grote telescoop ziet dingen die mensenogen niet kunnen zien.
De woestijnbloem, Pata De Guanaco, die je daar vindt,
bloeit tien dagen lang lichtpaars.

Die detecteert het mooie vooruitzicht van de geringste vochtigheid
tijdens El Niño. Tien dagen hier, verwelken mensenlichamen ook.

Wetenschappers in het Paranal-observatorium hopen
nieuw leven te vinden in het universum,
terwijl vrouwen in het zand wroeten met hun blote handen

om een stukje dood te vinden.
Voor die vrouwen die mensenbotten zoeken,
is de Atacama zo oneindig als het universum is voor astronomen.

ERIKO TSUGAWA   **JAPAN**

Toekomstig huiswerk

In een uithoek van het diepe bos
waar de zon schijnt
neergelegd op een eenzame stronk
Ligt je toekomstige huiswerk

Je moet het ooit maken
Je wist dat je toekomstige huiswerk

Maak het
Als je het onthouden hebt, wordt het tijd
ga op in het diepe bos
waar de zon schijnt
intact gebleven op een eenzame boomstronk
laten we je toekomstige huiswerk maken

Je moet het ooit maken
laten we je toekomstige huiswerk maken

Je zit op een boomstronk
ga door met je toekomstige huiswerk

daar gaat het niet om
warme zon en verfrissende lentebries
met het zachte getjilp van vogels
de slaperigheid die je zachtjes overvalt
Uiteindelijk zul je de boot gaan roeien

Ga niet te ver
je toekomstige huiswerk heeft op je gewacht
tot je daar komt en tot je daar terugkomt
je toekomstige huiswerk heeft op je liggen wachten

Yoshiya Asato   **Japan**

De Dichter in het Land van de Blinddoeken

De Dichter die zijn ogen opende in het Land van de Blinddoeken
Is verdwaald op zijn vertrouwde pad
Want hij wandelde altijd in het donker
Zwervend door de straten,
Ademt hij het licht in
De levendigheid van de bloemen, insecten en mensen
Vrienden in het donker huiveren bij de ontdekking van de dichter,
Luiden een bel van zorg en verbijstering

De Dichter die zijn ogen opende in het Land van de Blinddoeken
Deinsde terug voor de schoonheid van de wereld
Want de kleuren van de duisternis waren zo ijl
Betoverd door de magie van verschillende kleuren,

Weet hij snel welke kleur hij verkiest
De inwoners van de omringende duisternis
Kleuren rood of blauw,
Zonder zelfs hun vervormde gelaat te verbergen

De Dichter die zijn ogen opende in het Land van de Blinddoeken
Kondigt de weg naar het licht aan
De dames en heren door duisternis bedwelmd
                          werpen stenen van woede,
Plegen verraad met de stok van onzekerheid
Om in het nu te zijn, verander nooit,
Dat is het enige juiste om te doen
Het hoofd barstte open in de geest van de blinden
En een stortvloed van duisternis lekte naar buiten
Slokte de rebellen op

Een lichtflits flitste door het Land van de Blinddoeken
De wil van de dichter stompt de duisternis in de buik,
Raakt de volgende persoon
Verwarring stopt hem op zijn weg
Twijfel doet knippert met oogleden,
Terwijl nieuwsgierigheid de wereld toont
Oh Licht
Oh Vrijheid
Voor de Geblinddoekten
Gaat de opstand door

Koichi Uematsu   **Japan**

Pele Aihonua

Houd dit in gedachten-
De Aarde zal sterven
Als je me razend maakt.

Mijn lichaam beeft en barst,
Mijn verhitte bloed spuit uit spleten in mijn schedel
Komt over het land
Zwelt op, verandert in vuur, kookt
Overstroomt bossen en meren
Roept donderslagen op, vernietigt velden
En stroomt naar de zee vanaf kliffen.

Ik gaf je plaatsen
Om te liggen en te rusten,
Water om je in leven te houden,
Warmte die je omgeving overstelpte.
Licht overstroomde je plekken
En kweekte nat, delicaat wild gras.
Geliefden brachten gelukkige tijden door onder de bladeren.

Het enige wat je moest doen was er zijn,
Elkaars hand vastnemen en lachen.

Waarom, tegenwoordig,
Vechten en slaan jullie elkaar,
Sleuren jullie een slapende baby uit zijn bed
En steken zijn nek met een Mes?
Waarom graven jullie land weg
Verdrijven mensen die daar wonen

Omheinen een dor land
En lijken tevreden met jezelf?

Mijn lichaam trilt,
Vuur rijst traag op vanuit mijn binnenste.

Houd dit in gedachten-
De Aarde zal sterven

Als ik ontplof door woede.

Yumiko Aoki   **Japan**

Dageraad

dageraad nieuwe gloed een
bloem kneedt water verdronken
lichamen wast
thorats zegent
poëzie is
weg is
zzuumm
blijft over ons van er wat is geluid
mens als geteld niet
plafond het op vlekken
lichamen verspreide
VS, VK, Japan, Afghanistan, Jemen, Congo van
zzumm
spikkels en sterren de beu 't ben ik
nekken onze met accepteren lippen we als
gezucht worden zuchten
geschakeld uit worden genen
zzumm
weg is geluid
zonen en dochters onze voor overblijven er zal wat
lelie een of maan nieuwe een zoals
poëzie over treurt niet die liefde
water zonder leven kan dat lichaam een
mannen die maar
vergeten zijn
water van deeltjes bevatten maanlicht en maan de
schaduw haar in baden geuren verspreide
zzumm
is toekomst de in dag een op niet het zodat

vandaag is 't
stijgt water
dageraad dan sneller
schemering dan zachter
gebruik dagelijks voor maar ceremonies voor niet waterkan een op
inscriptie een

FUKUDAPERO   JAPAN

Woorden die ontkiemen

Woorden die ontkiemen
uit de bodem
van stilte en aanwezigheid
vinden hun vorm
in gedurfde letters
gehanteerd door de
zekere en vrouwelijke vuist
van de jonge Afghaanse vrouw.
Ze benadert het papier
druppel per druppeltje
van bloed en zweet
van tranen en woede
van vruchtbare versheid
en botst op de Taliban
die haar bevelen te zwijgen
want hun duistere onwetendheid
en kwaadaardigheid
snoert de stem
van de Afghaanse vrouwen
smoort hen met een burka
en verbergt hen
van de smerige wellust
van hun eigen vernietigende
en schijnheilige pik
terwijl zij hun vreselijke
en versleten wereld bouwen
die ruikt naar uitschot en pis
naar rot fruit
gore, woedende troep

en dodelijke plaag
van smerige promiscuïteit
die frontaal botst
met de rechtvaardige en jonge Afghaanse
die zich desondanks
niet overgeeft
haar woorden vastlegt
in een gedicht
die smaken
van vrijheid en tederheid
een gedicht dat we zullen horen
en dat niemand ooit nog
zal uitwissen.

JUAN TAUSK   ARGENTINIË

Het Verbrokkelde Vaderland

… moet halsoverkop verlaten worden,
pak gewoon de taal, het paspoort en enkele foto's,

prop geboorte, kindertijd, jeugd, leven,
in de rugzak van een kind

en, hoofd gebogen, begint de weg naar ballingschap.
Je benen bewegen vanzelf, geleid door collectieve herinnering,

ontsnappen is jouw erfgoed, statutaire opvolging
van het vaderland, jouw voorouders' fysieke fitheid.

Je moet de grens oversteken opgekruld in een autokoffer
op het moment dat de vlag verlaagd is naar halfstok,

en dan, blootsvoets, hongerig en met een schop onder de kont
maandenlang ervan wegwandelen stap per stap

van de mens in de ander naar de mens in jezelf.
Wanneer homo politicus doodt, is zelfmoord zowel de beul als het slachtoffer.

Je zal het Verbrokkelde Vaderland verlaten
zonder je ogen af te wenden terwijl je ziel knippert en huilt

als het knipperlicht en sirene van de patrouillewagen
die je hopelijk zal vangen

en zal terugsturen

LIDIJA DIMKOVSKA   MACEDONIË

DADAAB

We zeggen laten we niet naar school gaan, als je naar school gaat
begin je de wereld te begrijpen, dan breekt de pleuris uit.

We zeggen meisjes zijn duurkoop om toekomst mee te betalen
of is de wereld een markt waar je dochters ruilt voor suiker.

We zeggen achter de tenten is een zandweg en de weg is lang
en het zand leidt terug naar de oorlog, waarom zou je gaan.

We zeggen het schieten klinkt in de slaap zo luid als in het
geheugen maar we zijn doof van honger zeggen we en

het tobben zat. Herkent iemand op school de naam Nadifa al,
geboren tussen seizoenen, woede en onschuld, dan breekt

de pleuris maar uit. De meisjes zeggen whatever wij meisjes
zeggen. Onder de zwarte hemel delen we zandlampen uit,

we spellen een handleiding want morgen breken we de tenten af.

ANNE VEGTER						NEDERLAND

Vampiers

Vampiers, goed in het pak als de Messias
Hebben vuisten van ijzer en harten van steen
Versieren hun tanden met draadjes mensenhaar
Vreten hun eigen mensen levend
Hun regels slechts een val voor de dwazen
Het volk vertrapt, overtreedt geen regels

Vampiers slapen maar drie uur per dag
Vinden zich hardwerkende eikels
Doen zich voor als vegetariërs.
Grazen gras kaal, doden wortels.
Niets laten ze over, zelfs de botten niet
Waar het volk op knagen kan

Vampiers met lijfwachten en grote auto's
Dicteren met bloed op hun lippen de wereld
Overdag bestaan ze echt
's Nachts kussen ze hun slapende kinderen
Hun engelen van deze
wereld

Oh! Jullie onschuldige, arme kinderen
Als jullie eens wisten
'Geteisem!' zouden jullie schreeuwen

Ishmail Kamara Sierra Leone
Nederland

het is een nacht die niet eindigt

het is een nacht die niet eindigt
langs de weg hangen lichamen aan bouwkranen
hun namen
worden lichten op deze goddeloze nacht

onder de zwarte kleren van geestelijken
groeit de angst
zonder zweep
zonder hoofddoek
geen galg hangend aan de bouwkranen
zonder angst voor goddelijke straf
is je geloof
een carnavalsmasker

is je god bang
voor mijn vrijheid?
ben jij bang
voor mijn vrijheid?

de zon is niet bang
de wind is niet bang
de regen is niet bang
mijn handen bouwen een huis voor de liefde
de liefde is niet bang

deze lange nacht zal verdwijnen
laat je masker vallen
het leven geeft niet op

JUAN HEINSOHN HUALA

CHILI
NEDERLAND

Muren

Muren kunnen van je houden.

Vul ze tot de rand toe met liefde
en ze zullen je steunen, op handen dragen,
een nest voor je bouwen, warm als dons

        alles heeft twee kanten, liefste
        die van de zon en de andere.

Maar als je ze misbruikt,
met muren verdeeldheid zaait
tussen mensen, groepen, landen, hemel en aarde

        dan stokt je adem, liefste
        lucht kan ook muren worden.

Kijk, deze kiezel is rond als de zon
je kunt hem warmen in je handpalm
uit liefde een vuist maken van steen

        het is maar wat je kiest, liefste
        de kant van de zon of die andere.

Kom, laten we elkaar de hand geven
en als we al een hek moeten bouwen
dan een hek van zwijgen een kracht

tegen het geblaf van loslopend kwaad.

JANA BERANOVÁ   NEDERLAND

Over Poëzie

In de nacht gedichten schrijven
en morgens verbaasd staren naar
het onleesbare dat er staat

daar hou ik niet van.

Ik wil weten wat ik schrijf
de woorden voorzichtig neerzetten
als kostbare boeken op een plank

de regels prachtig aankleden als
kinderen voor de eerste schooldag

de poëzie vol trots voorstellen
als mijn lief aan mijn ouders

en zeggen kijk dit is ze zij is het
waar ik al jaren van wakker lig

voor haar loop ik zonder vrees
door het vuur van de taal

LEO STILMA   NEDERLAND

Haiku

het woord is vrijheid
gesproken of geschreven
censuur een tiran

JAN RIKKEN   NEDERLAND

Hyacint

woorden omringd door het maanlicht
dat door kieren naar binnen schijnt
zoals een zwarte panter de schaduw
en het oerwoud omhelst

worden gedragen op de wind
over stoffige wegen
sneeuwwitte bergtoppen
en oceanen gevuld met tranen van hoop

ze zijn gevuld met kracht
sterker dan het zwaard
en teder als een witte hyacint

wachtend om tot bloei tot komen
gezien te worden in hun volle glorie
en uitgesproken te worden met hun volledige kracht

in vrijheid

MARK BONINSEGNA　　　　　　　　　　NEDERLAND

De kracht van het woord

Iemand vroeg mij ooit: "Waarom poëzie? Wat is het nut ervan? Wat is er zo speciaal aan spoken word? De wereld heeft echt niet nog een andere dichter nodig."

Ik zei tegen hen: Nou, rustig, schat, adem even diep in, want
Ik zal je hiermee zeker overvallen:

Weet je...
Woorden kunnen creëren
Woorden kunnen je opwekken
Woorden kunnen je naar beneden halen
Woorden kunnen je cancelen
Woorden kunnen mensen een toekomst geven

Je kunt jezelf afvragen: "Wat is het doel van poëzie?
                                Wat is de kracht van het woord?"
Je vergeet dat woorden je de kracht over de natuur gaven
Want taal maakte het mogelijk om met de goden te spreken

Poëzie is het kussen van die kracht van boven,
                             van onderen, van binnenuit
Door het te kussen en het ritme van de woorden te gebruiken roep je het diepe, zachte, warme vuur, dat je stem is, op

Een stem die de magie meedraagt om een moment
                             in ruimte en tijd te creëren
Tussen jou en ik
Geen lucht, geen schaamte, geen haast
Alle zorgen die je kon voelen, zijn allemaal verdwenen
Met de kracht van het woord

Een woord dat ooit zei: "I have a dream…"
                         en het resoneerde tot in de huiden
van een miljoen zwarte verledens en diegene die nog zullen volgen
Een woord dat ooit zei #metoo en het bevrijdde
                         vrouwen van hun onderdrukkers
en hun gevangenissen van schaamte, walging en mishandeling
Een woord dat ooit zei: "black lives matter", "trans lives matter"
Een woord dat ooit zei: "nobody is free until every single one of us is free"
Totdat vluchtelingen veilig zijn, totdat queer-kinderen
                         beschermd en gezien worden

Een dichter gebruikt de woorden om die kracht te delen,
om geesten en harten die zich willen bevrijden, te inspireren

Een dichter creëert een visie op een wereld die er net nog niet is
Maar het staat op het punt om te beginnen

LUIS BRACAMONTES   MEXICO
                                                                     NEDERLAND

Ongeschreven gedicht
Voor Somaia Ramish

Aan wie deze woorden
niet mag schrijven:
Zonder vrijheid
geen vrede, geen rust.

Onderdrukking
is smeulende oorlog.
Hoe bang is het gezag
dat de pen wil doen zwijgen?

Zoveel macht hebben
uw woorden van troost
opstand of ontroering.

Laten we ze fluisteren
als een verboden liefde.
Men vreest uw humane kracht.

JOZ KNOOP   NEDERLAND

Dichters

Christopher Merrill	11
Tarik Günersel	12
Martine L. Jacquot	13
Ananda Devi	14
Roopa R	15
Evie Groch	17
Thibault Jacquot-Paratte	19
Professor Kamani Jayasekera	20
Susan Alexander	21
David Bokolo	23
Miwa OTA	24
Davide Minotti	25
Anne Hopkinson	27
Shelly Bhoil	28
Alshaad Kara	29
Miku Hayama	31
Jennifer Evans	32
Bonganí Zungu	33
Richard Kenney	34
Dianne L. Knox	35
Katherine E. Young	36
Nyanc	37
Shirani Rajapakse	38
Kayes Syed	39
Cécile Oumhani	41
NIJO Cenka	42
onaiita	43
GOLAN HAJI	45
Daniel G Scott	46
Denise Desautels	47
Akira OKAWADA	50
Signe Kierkegaard Cain	51
Eriko Tsugawa	52

Yoshiya Asato 53
Koichi Uematsu 55
Yumiko AOKI 57
fukudapero 59
Juan Tausk 61
Lidija Dimkovska 62
Anne Vegter 63
Ishmail Kamara 64
Juan Heinsohn Huala 65
Jana Beranová 66
Leo Stilma 67
Jan Rikken 68
Mark Boninsegna 69
Luis Bracamontes 71
Joz Knoop 72

Gedichten

Over het verbieden van poëzie 11
Bommen! 12
Lichtwoorden 13
Waarom 14
Uitgewist 15
Doelwitten van de ALP 16
Als het recht tot dichten verloren is 18
Vrijheid 20
Ik zie zes Amerikaanse matkopjes 21
Toen de geweren zwegen 22
Hoe kunnen ze een gedicht verbieden
                en dichters onderdrukken 24
Ze draagt de ander op haar schouders 25
Ze riepen luider dan haar vragen 26
De rivier aan de bocht 28
Eeuwige empowerment 29

Het heldere meer	30
Droom van het Vrijheidslied	32
Gebroken woord	33
Oud verhaal	34
Weet je niet dat ik mijn haar niet terug kan stoppen	35
Gedicht voor de Scheppers	36
ZWART	37
Ik kan niet zijn	38
KNOP & KOGEL	39
Schrijf met de wind	40
Vandaag verkondigde de wereldregering	42
als een gedicht verboden is	43
Sportmannen Schieten	44
in de woestijnhitte	46
Een project, een hoop	47
De dood van de democratie	48
Ik word bijna gemist	51
Women who look for bones in the Atacama Desert	52
Toekomstig huiswerk	53
De Dichter in het Land van de Blinddoeken	54
Pele Aihonua	56
Dageraad	58
Woorden die ontkiemen	60
Het Verbrokkelde Vaderland	62
DADAAB	63
Vampiers	64
het is een nacht die niet eindigt	65
Muren	66
Over Poëzie	67
Haiku	68
Hyacint	69
De kracht van het woord	70
Ongeschreven gedicht	72

www.ingramcontent.com/pod-product-compliance
Lightning Source LLC
Chambersburg PA
CBHW030454220526
45464CB00006B/2530